나비는 장다리꽃을 알지 못한다

국립중앙도서관 출판예정도서목록(CIP)

나비는 장다리꽃을 알지 못한다 : 정재규 시집 / 지은이: 정
재규. -- 대전 : 지혜, 2016
p. ; cm. -- (지혜사랑 ; 150)

ISBN 979-11-5728-196-1 03810 : ₩9000

한국 현대시[韓國現代詩]

811.7-KDC6
895.715-DDC23 CIP2016017509

지혜사랑 150

나비는 장다리꽃을 알지 못한다

정재규

지혜

시인의 말

1996년, 시인이란 이름을 얻었지만
20여 년 동안
좀처럼 시를 품고 살지 못했다.

하지만 더 부끄럽기 전에
시를 세상 밖으로 내보내기로 마음먹었다.

내 시가 길가는 사람들의 발자국 속에
바람으로 일어난 풀잎 속에
아니면 빗방울 떨어지는 나뭇잎에 매달려
사람들의 마음 속에
조금이라도 스며들었으면 좋겠다.

내 시에 날개를 달아주신
임종성 박사님과 반경환 선생님, 송유미 시인님께
진심으로 고마운 마음을 전한다.

내 시심의 뿌리인 부모님께 이 시집을 바친다.

2016년 여름, 愚人글방에서
정재규

차례

2부

3부

• 일러두기

한 연이 첫 번째 행에서 시작될 때는 > 로 표시합니다.

1부

내 안의 탱자나무 울타리

시골 동네 울타리를 이루며
그 누구도 근접하지 못하게
촘촘히 스크럼을 짜고
바늘침 같은 가시까지
나뭇잎 속에 숨겨둔 채
탱자나무는 접근 금지를 외치고 있지만
병아리는 어미닭 몰래
종종걸음으로 무서움도 모르고
탱자나무 덩굴 밑을 자유롭게 넘나든다

사계절 그렇게 위압적인 가시를 숨겨 두지만
병아리의 재잘거리는 소리에 놀라고
봄의 맑고 푸른 바람을 맞으면
봉곳이 하얀 탱자꽃을 피우며
애써 부드러운 향기를 내 보낸다

기온이 오르고
태양이 벌겋게 높아질수록
가시는 탱글탱글한 탱자를 위해
쉴 새 없이 붉은 태양을 찔러
쏟아지는 햇빛을 모으고 있다

>

노랗고 싱싱한 껍질 속에
그 하얀 꽃 감춰 두고
가을 햇살에 속까지 시려
뾰족한 가시 사이마다 탱자는
주렁주렁 매달려 있다

가시 사이를 헤집고 딴 탱자 하나
샛노란 껍질 벗겨
둥글게 숨어 있는 하얀 씨 맛보며
시디신 친구들의 모습 떠올리고
하얀 탱자꽃 향기 꺼내어 뱉어 본다

가시에 쿡 찔린 고향
선홍빛 탱자 씨 되어 땅위에 떨어진다
또다시 하얀 꽃 피운 내 안의 탱자나무
돌담보다 더 단단한 울타리를 위해
나뭇가지 사이마다 가시를
날카롭게 일제히 세우고 있다

분수噴水

올라가 보자
흰 거품을 물고라도
더 힘껏 치솟아 보자

조그만 구멍으로 빠져 나오는
숨막힘은 있어도
수없이 돌아가는 모터의 펌프질로
가끔은 약하게
간혹 세차게 오르는 것이다
물거품처럼 가벼운 그리움을 찾아

세찬 물줄기는
텅 빈 하늘의 푸른 틈을
생각하지 않고
오직 떨어지는 즐거움으로
힘차게 발돋움하며 오르는 것이다
햇빛 속에 숨은 무지개를 찾아

구두 수선공

나이테마저 지워진
허름한 나무 상자 앞에 놓고
닳고 닳아 찢어진 무릎받침 헝겊 위에서
실밥 터진 낡은 구두를 꿰매는 구두 수선공

자꾸 늘어나는 어지러운 세상살이에
닳아 가는 한심한 마음들도
단단하게 꿰맨다고 선전해 놓고는
길거리에 나무상자 댕그라니 놓아 둔 채
소주 한 병 거나하게 마시고
쪼그리고 앉아 가쁜 숨을 고른다

"이러면 안 돼
일어나서 언제 바람에 날릴지도 모를
찢어진 마음들을 빨리 꿰매야지
푸른 하늘에 금이 가도록
아우성치는 저 목소리들을 꿰매야지"

아직도 이곳저곳에서는
시퍼렇게 날이 선 위태로운 논쟁들이
암상궂은 함성들로 끊임없이 날아들고
구두 수선공 정신을 추슬러

달빛으로 눈을 비비며 온힘을 다해
한 땀 한 땀 바쁘게 손을 움직여 본다

하지만 아무리 꿰매고 꿰매어도 또 찢어지는
이 우울한 시대의 아픈 마음을 단단하게 꿰매기란
정말 힘든 것처럼 보였다

다음날, 가로등이 달빛을 만날 때까지
그는 끝내 보이지 않았다

붕어찜

식탁 위에 두 눈을 휑하게 부릅뜬 채
군침을 돌게 하는 붕어찜이
사실은 반짝이는 비늘에 둘러싸여
강과 호수를 자유로이 유영하며
물살을 가르는 힘찬 지느러미를 가진
손바닥만 한 크기의 싱싱한 붕어임을 알지 못했다

앗, 하는 순간 그물에 걸리고
낚시 미끼에 유혹되어
붕어이기를 포기한 슬픈 몸뚱아리

발갛게 달아오르는 가스 불에
온몸을 던져 서서히 까맣게 빛을 잃어 가며
최후의 떨림을 푸른 강물을 향해 던져 놓곤
짭잘한 식욕을 돋구어 주며
한없이 은빛 비늘을 벗어
붕어찜으로 삶을 마감한다

얼큰한 맛에 입맛을 돋구는 붕어찜이
비늘을 털어 내며 정들었던 강물을 그리워했음을
입맛에 흔들리는 생각이 숨을 죽일 때
비로소 알 수 있었다

나비는 장다리꽃을 알지 못한다

늦봄 한낮의 방향 잃은 햇살이
아찔한 졸음을 몰고 와
달리는 차를 잠시 붙들어 놓는 사이
노랑나비 한 마리 승용차 앞 유리창에 달려들어
미끄럼을 타듯 파득거린다

앞만 보고 필사적으로 붙고 또 붙고
힘겨운 탈출을 시도하는 노랑나비
주위에 꽃도 없고 안주할 환경이 아닌
삭막한 아스팔트 도로 위에
나는 어쩌다 이 나비와 마주쳤을까

이 나비의 앞날을 생각하는 사이
긴 장다리꽃에 입대롱 길게 넣어
꿀을 빨고 있던 내 유년의 나비는
어느새 내 앞에 쏜살같이 날아와
노란 장다리꽃을 여기 저기 심어 놓는다

하지만 아스팔트 도로 위에서
향할 곳이 어디인지도 모르는 이 나비는
장다리꽃 향기를 맛볼 수 있을까

>

아직도 유리창에 부딪히며
비상을 꿈꾸는 나비여
봄날 햇살에 활짝 핀 장다리꽃은
퍼득이는 날개짓 진동으로
시베리아까지 떨림 전하는* 너를 찾아
무수히 꽃향기를 쏟아 붓는다

* 나비효과Butterfly Effect : 미국의 기상학자 에드워드 로렌츠의 논문 '브라질에 있는 나비의 날개짓이 미국 텍사스주에 발생한 토네이도의 원인이 될 수 있을까?'에서 유래했다.

폐가

어릴 땐 크고 높았던 집
지금은 터를 잡고 사는 사람 없지만
아직도 밤이슬 맞으며 숨쉬는
풀잎 소리 뜰 안에 가득하다

거미줄 엉켜 걸쳐 있지만
아련한 향수가 배어 있는
내 유년의 집이여
마당의 잡초와 더불어 추억마저도
폐가 앞에서 말라죽는 아픔이여

어쩌다 낯익은 집에 들어서면
어릴 적 웃음과 울음소리에
잡초는 힘겹게 풀잎을 세운다

밤에 운다

부엉이는 낮에는 잠을 잔다

숲속 어두운 나무 덩굴 속에
얼굴을 숨기고
부리부리한 눈동자 속에
밤을 그리며 산다

희미한 낮 풍경을 다시 보기 위해
밤을 기다리며 잠 속에 잠겨
커다란 울음을 만든다

그래,
우리들도 생활에서 지친 몸을 추스리기 위해
태양빛을 모으는 거다
달빛을 모아 울음을 만드는 거다

아내는 빨래하다 말고
흰 거품을 커다랗게 만들어
밤이 깊도록 쑤시는 관절마다
울음을 숨겨 두는 거다
밝은 태양빛을 찾는 거다

세상은 넓디넓은 울음바다

햄버거, 전화야

포켓에는 핸드폰이 들어 있다

하루 종일 기다려도
신호 없는 핸드폰은
소리 없이 잠자고 있다

저 멀리서 들려올 것 같은 잠긴 목소리는
침묵으로 바람을 잠재우고
네온사인 반짝이는 불빛 속에 숨어 있다

차가운 사람들의 발걸음 속에서
끝없이 들려오는 힘겨운 이야기

시간은 계속 흐르고 있는데
어느 날 갑자기 울리는 핸드폰에서는
21세기를 휘잡으려 꿈꾸는
아들 녀석의 힘 있는 목소리

"햄버거 먹고 싶어 아빠,
사오지 않으면 문 안 열어준다 알았죠"

핸드폰이 몸부림치며 소리 낼 때

햄버거는 어느새 숨죽이고
전화 소리 엿듣고 있다

재개발지역에서

아무도 찾아오는 이 없는 길목에서
바람은 하늘과 땅 사이로
적막이 감도는 폐가에 온기를 불러 넣듯이
긴 휘파람을 불며 사람을 찾고 있다.

아직 남아 있는 폐가에 낯익은 이주자들만이
가끔씩 빈 집을 기웃거리며
옛 추억을 토해내듯 심호흡을 한 후
새봄을 기다리는 나무들에게
운명의 시간을 알려주곤 한다.

모두가 다 떠나고 난 폐가 골목사이로
일부 아이들을 위해
산등성이에 남아 있는
초등학교로 발길을 옮기고 있다.

교문 입구 방범용 폐쇄회로에 찍히는 지도 모르고
친구들과 재잘거리며
학교로 향하는 아이들의 목소리가
폐가에 쏟아지고 있다.

구멍

한낮 중앙로 대로변에는
무겁게 짓눌린 이 시대의 양심이
구멍을 찾고 있다.
빛 바랜 무수한 말言들이
쥐구멍을 찾고 있다.
가까스로 찾은 텅 빈 구멍 하나
그 캄캄한 구멍으로 기어들어
실낱같은 희망 숨겨 두고
함께 들어오는 사람들의 아린 마음에
가느다란 햇살 쬐어 주며
남은 빛줄기 흩뿌리고 있다.

- 잃어버린 양심은 숨겨 두세요.

수없이 오가는 사람들의 발길에 채여
자꾸만 메워지는 구멍을 찾아
이리저리 다니다 보면
이 대명천지 대낮에 쥐 한 마리
두 눈 부릅뜨고 겁도 없이 나타나
이제는 놀란 눈빛 조금도 보이지 않고
오가는 낯선 사람들 마음속에
커다란 구멍 한 개 파내고 있다.

천지간天地間*

잔잔한 물결 위에
그 누구도 알아듣지 못할
질문을 던져 본다

하늘에는 왜 사느냐
땅에는 왜 죽어야 하는가라는
우둔한 물음

天地間에는
내 옆에 살고 있는 사람이 있어 살고
죽어가는 사람 있으니까 죽는가

天地間에는
사람 하나 오고 가는 게
대수로운 일인데
파도는 바람 부는 대로 출렁일 뿐
하늘과 땅 사이에서 일어나는
대소사에는 아랑곳없이
그저 우문을 삼키고 있다

* 천지간天地間 : 윤대녕의 이상문학상 대상 수상작(1996년).

노점의 채소를 바라보며

흙속에서 싱싱한 생명을 꿈꾸던
뿌리 뽑힌 푸른 이파리의 채소들은
도로변 노점 좌판에서 땅속으로
뿌리의 귀향을 재촉한다

그 누구의 손놀림에도
가지런히 뭉쳐 서로 비비고 부대끼며
하루를 마감하는 채소들은
길거리 노점상에게 희로애락의 바람을
이따금씩 일으키며
어디로 향하고 싶은 것일까

주름진 얼굴에 노동의 흔적 일렁이는
허리 굽은 노파의 손아귀에서
구매자를 숨죽이며 기다리는 시간은
노점상을 철거하는 단속원의
흘기는 눈빛보다 더욱더 지겨웁다

노란색 덤프트럭에 던져져 실릴 때
도시의 서늘한 바람을 타보는 아픔은
시골 텃밭에서 허리 통증으로 시달리는
농부의 아픔보다 더욱 샌 찬바람을 몰고 와
어디에 안착하려는 것일까

비의 사랑법

비가 사랑을 한다
나는 새의 깃털 속에도
먼지 얼룩진 나뭇잎에도
우산을 들고 오가는 소녀의 얼굴에도
사랑을 퍼붓는다
부드러운 숨소리

비가 사랑을 한다
햇빛을 그리워하는 사람들을 향해
가물어 가슴 졸인 농부들을 향해
더욱 줄기차게 사랑을 퍼 붓는다
웃음 되는 빗물
눈물 되는 가뭄

비가 온다고 투덜거리는 자에게
분위기에 젖어 창밖을 바라보는 자에게도
똑같이 사랑을 알려준다
사랑을 듬뿍 담아준다
비, 비, 비의 사랑을

여행

곳곳에 말言은 살고 있었네
해남 토말 국토의 끝자락에도
남해 노도 조그만 섬 속에도
이방인처럼 들어선 고장마다
사람들은 싱싱한 마음으로
그윽한 인심으로 살고 있었네
살아가고 있었네
차를 타고 돌고 돌아도 가는 곳마다
살아 숨 쉬는 이야기 가득하였네

우리들의 사랑법

들녘의 파란 풀내음을 잊고서는 사랑할 수 없습니다 땡볕에서 삽을 들고 논밭을 일구는 아버지의 땀흘린 모습을 생각하지 않고는 사랑할 수 없고 어머니의 따스한 정성이 깃든 음식을 늘 맛보지 않고서는 사랑할 수 없습니다 길거리에서 주인을 기다리는 꽃 한송이를 품안에 넣고 아름다움을 느낄 때 우리는 사랑할 수 있습니다 별을 볼 줄 아는 사람은 사랑할 줄 압니다

사랑을 할 줄 아는 사람은 어두운 밤하늘에 눈빛을 모으고 펑펑 뛰는 심장의 고동 소리와 하나가 되는 기술을 보일 줄도 압니다 초여름 들판에서 애잔하게 울부짖는 개구리의 울음보다 더욱 아리운 가슴을 삭일 줄도 압니다 더욱이 밤하늘의 별빛 소리도 들으며 은하수에 화려한 희망을 걸어 두고 하나씩 정성들여 고운 꿈으로 새길 줄도 압니다 정말 압니다

봄의 행로

밝은 봄의 말들이
온 대지 위로
나무마다 희미한 초록빛을 내뿜고
태양을 향하여 소리치는 새 생명이여

아무도 손대지 않은
가장 맑은 새싹은
겨우내 얼었던 가슴을 펴고
훈훈한 물기로
밤마다 겨울 동화를 쏟아낸다

지끈지끈한 바람과 새순의 함성이
인파의 귓가에서 늘어지고
포근한 봄의 가슴에
묻어둔 호박씨 하나
봄의 길목에서
큰 숨을 몰아쉬고 있다

자화상

풀내음을 먹으며 섞이어 뒹굴 때
내가 지금까지 지탱해 온 것은
풀잎의 사랑이다

도시 속에 뿌리를 내리나
마음은 늘 푸른 뿌리가 그리워
목 놓아 외치는 고향의 노래

가슴은 향수로 가득하나
내일을 생각하고 세상을 안으며
타인을 향해 짓는 씁쓰름한 미소

매일 가슴을 두드리며
한 편의 시를 읽듯 살아가고 싶어
힘겨운 나를 부숴버린다

나는 내일을 향해 달리는
가득 찬 물통 속의 용솟음치는
파란 씨앗

돈에 대하여

낭만에 젖어
마음을 앓는 책을 사본다고
돈이 헤프지

술 한 잔 마시고
경제 난국 떨칠 방법을
떠벌리느라 돈이 헤프지

싸구려 옷을 사 입고
이 시대의 추운 생각을
감싸기 위해 악을 쓰므로
돈이 헤프지

지하철 입구 계단에 꿇어 앉아
구걸하는 아이를 바라보며
아까운 돈을 생각하므로
돈이 더욱 헤프지

시야 나오너라

내가 근무하는 초등학교 뒷동산에는 염소 세 마리가 살고 있습니다. 암컷 두 마리 수컷 한 마리인데 겨울이 시작되는 어느 날 비슷한 시기에 암컷 한 마리는 세 마리 새끼를 또 다른 한 마리는 두 마리 새끼를 낳았습니다. 긴 겨울을 무사히 보내고 봄이 오자 염소 가족들은 포동포동하게 살찐 몸을 자랑했습니다. 가끔 어디선가 날아온 까치들과 어울려 놀며 돋아나는 새 풀잎을 열심히 뜯고 있었습니다. 염소 등 위에 올라가 놀고 있는 까치들의 모습이 참으로 평화로웠습니다. 머리를 푹 숙이고 끊임없이 풀잎을 먹고 있는 염소 가족과 정말 잘 어울리는 한 폭의 그림이었습니다 이런 모습을 보면 시상이 떠올라 시가 써져야 하는데 도무지 시를 쓸 수가 없었습니다. 염소들과 함께 놀아보기로 했습니다. 뒷동산에 올라가 염소랑 까치랑 놀았습니다. 그래도 시상은 떠오르지 않아 시를 쓸 수가 없었습니다. 시야 나오너라 외쳐 보기도 했습니다 끝내 시는 나오지 않았습니다. 옆에 있던 염소와 까치는 아랑곳 하지 않고 재미있게 놀고 있었습니다.

현대어 · 1

— 고독

취미라 하여
무인도에서 낚시를 던지고
밤새 입질을 기다리는 무상의 시간

벼랑 끝에서
파도에 밀리어 씻기는 바윗돌 하나
물결의 흔적으로 남다

현대어 · 2
— 상실

나무 없는 산을 바라보다
초록색을 잊었습니다

등대 없는 바다를 바라보다
빨간 빛도 잊었습니다

돛대 없이 출렁이는
강가의 주인 없는 배를 바라보다
마을의 전설도 잊었습니다

모두 다 그냥 바라보다
내 이름조차 잊었습니다

현대어 · 3
— 오염

하늘에는 구름이 잠들어
별 하나 보이지 않고
도시 가운데로 흐르는 온천천 위에
방황하는 연인들의 사랑이
뚝뚝 떨어지며 더러운 허물을 벗는다

길게 내리 뻗은 버드나무 가지 아래
서로 껴안고 어제의 언행을 되씹는
한심한 우리들의 옆 풀밭에서는
밤인데도 귀뚜라미 하나 울지 않고
천변을 삼킬 듯한 가로등 불빛도
오가는 발걸음 속에 잠이 들었다

세상에서 가장 고귀한 사랑은
으슥한 불빛 아래에서
이중의 고뇌로 먹물이 되고
안겨서 슬픈 연인들
아무도 눈여겨보는 사람 없었다

내 시는

내 시는
흔들리는 차의 차창 밖에 있다
길가는 사람들의 발자국 속에 있다

내 시는
빗방울 떨어지는 나뭇잎에 매달려 있다
바람으로 일어난 풀잎 속에 있다

내 시는
시인의 얼굴이 그려진 서점의 시집 속에 있다
시집 속에서 스멀스멀 기어 나오는 시어 속에 있다

내 시는
힘겹게 걷고 있는 노인의 굽은 허리 속에 있다
노인의 손끝 지팡이에 걸려 있다

그리고 내 시는
육교 위나 지하철역 입구에서
손 벌리고 엎드려 있는
걸인의 손바닥 속에 들어 있다
기타 들고 흘러간 노래를 연주하는
시각 장애인의 눈 속에 들어 있다

2부

고향을 찾아서 · 1

— 강둑

강물이 넘치지 못하게 쌓아 놓은 둑은 초등학교 시절보다 높이가 내 키 반으로 낮아져 있고, 온갖 잡초가 무성한 둑길에는 커다란 눈을 굴리며 풀을 입에 물고 씹고 또 씹으며 거품을 내는 황소, 느리게 흐르는 강물 속의 제 그림자를 찾아 방정맞게 이리 뛰고 저리 뛰며 까불대던 염소 새끼들, 까맣게 그을린 몸을 날렵하게 물속으로 내던지며 시원한 여름을 즐기던 조무래기 아이들, 여름 장마철 한물에도 끄떡없이 서 있는 물문水門, 물문에 올라 별빛을 바라보며 내일을 기다리던 친구들의 속삭임이 아련한, 이제는 희미하게 떠오르는 고향, 내 고향.

고향을 찾아서 · 2

— 물문水門

한 여름의 한물에도
온전히 서 있는 물문은
별을 따라
집 나서기를 좋아하던 어린 시절
우리들의 놀이터였다

달빛이 이야기를 감싸주고
만져주던 맑은 물처럼
금 가지 않은 마음을 씻어주던 곳이었다

또한 물문은 마을 사람들의 지친 민심을
언제나 힘차게 안고
보기 좋은 웅장한 모습으로
늘 버티고 서 있었다

물문에 가득 고인 물은
미래를 꽃 피우고
마음을 키우는 커다란 꿈이었다

고향을 찾아서 · 3
— 친구

오랜 만에 다시 찾아 온 고향
만경강* 강둑에 올라
어둠에 쌓인 들판을 바라본다

도시로 간 친구들을 그리워하며
적어도 고향을 지켜야 한다면서
농사만 지어온 아버지에게
농약병을 들고
제일 먼저 도전한 친구는
그 어디에도 보이지 않는다

서서히 식어가는 체온으로
친구는 무엇을 생각하며 눈물을 흘렸을까
생명을 잃어가는 희미한 눈빛으로
무엇을 바라보며 눈을 감았을까

몇 년만에 다시 찾은 고향에서
고향을 등진
또 다른 친구들을 찾는
친구의 슬픈 영혼의 손짓을 바라본다

마을과 함께 살아온

동네 어귀의 앙상한 팽나무 가지에
귀향자의 어설픈 생각만
맥없이 걸려 휘날리고 있다

* 만경강 : 전라북도 북서부를 흘러 김제시와 군산시 경계에서 서해로 흘러가는 강.

어머니 · 1
— 어항과 금붕어

팔순이 다된 어머니께서
시장에 다녀오시다
빨간 지느러미가 힘차게 움직이는
금붕어가 마음에 들어
어항과 금붕어 네 마리를 사오셨습니다

유리 속에 갇힌 그 놈들을 보며
웃고 가만히 쳐다보기도 합니다

"그 놈들 입을 벌리는 게
배가 고픈가 보구나."

보고 또 보고
사랑스러운 눈빛으로 웃음을 지으시며
멀지 않은 이승의 끝을
어머니는 사랑하는 미물의 몸짓에
걸치어 놓습니다

오늘도 어항 속의 금붕어는
어머니와 대화를 합니다
금붕어가 파란 하늘로
뛰어오르고 싶다는 말을 할 때

어머니는 금붕어에게
좁은 테두리 안에서
만족하며 살아야 한다고
말해 주기도 합니다
달래 주기도 합니다

어머니 · 2
— 화초

아침 햇살보다 빨리 어머니는 화초의 밝은 인사를 받는다 아파트 베란다 시린 유리벽에 기대어 긴 휴식을 취하던 잎들의 몸부림이 물뿌리개 물속에서 사르르 풀리고 정성으로 구겨진 줄기를 편다 푸른 잎마다 손끝의 물방울이 튕기고 줄기마다 하늘 보고 손짓하는 항상 보아도 사랑스러운 저것들은 어머니의 자식들이다 싱싱한 목숨들이다

어머니 · 3

— 신경통

구름이 몰려 온다
떠도는 구름이
공중에서 숨죽이며 비를 만든다.
소리 없이 비가 내리면
어둠 속에서 몰래 일어나
통증으로 밤을 새우는 어머니

젊은 시절 농촌의 논바닥에서
모를 심고 추수하는 넉넉한 그림이
어머니 얼굴에 밀리어 온다

쑤시는 다리마다
한 평생의 이력이 지치고
가뭄으로 애타던 아픔으로
풍족한 비를 기다린다

비야 내려라 어서 내려라
흥겨운 빗소리와
밤은 하얗게 깊어가고
어머니는 들판에서 울던 뜸부기와
그 옛날 넉넉한 빗물을 생각하며
비오는 날의 통증으로
웃음을 꿰어 낸다

아버지

아침 산에서
바람에 실려 들려오는
아버지의 음성을 듣는다

바람만 보고 날씨를 점치던
믿을 수 없는 존재이신 아버지가
바람 속에서 말씀하신다

– 바람을 보아라
  바람을 만져 보아라
  바람이 비를 만든다

아버지는 이렇게
바람의 정체를 노래 부른다

낮잠

살갗을 검붉게 태우는
뜨거운 태양 아래에서도
묵묵히 푸른 풀을 베는
아버지의 모습이 오버랩 되어
커다랗게 나타날 때가 있다
맑은 날씨이다가
갑자기 검은 구름 몰려와 소낙비가 올 때면

틈만 나면 논밭을 돌아보시던 아버지
낡은 바지 정갱이까지 걷어 올리고
어둠이 방안에 누울 때까지
쏘다니시는 부지런함 뒤에도
비오는 날에는 방벽에 기대여
잠시 주무시는 여유로움이 있었다

비오는 날 유리창 밖을 바라본다
고향의 언어들을 끊임없이 쏟아내며
힘겹게 대지 위에 볼을 비비는 비
침대에 누워 아버지가 못다 주무신 수면을 위해
낮잠을 청하면 아버지의 검게 그을린 얼굴이
비, 비, 비가 되어 흑백 영정에 뚝뚝 떨어진다

아버지, 비 오는 날이면 푹 자고 싶어요

추석시편 · 1
— 보름달

잊지 않았는가?
달빛 속에 스러지는
토끼의 꿈은
달 속에서 방아 찧는 서글픔으로
옛 유년의 달을 생각하곤
멍하니 달빛 속에 숨어도
아무도 모르는 일인데
삶은 또다시 달 속에 그냥 그렇게
혼자서 읊조리는 기쁨이려니
그래도 꼭꼭 숨어라
달은 내일이면 다시 떠오르니
방아 찧는 인생은
덧없이 달빛 속에 숨다

추석시편 · 2

— 서울로

고속도로에 불빛이 찬란하다
빛 가운데로 쏜살같이 달려가는
우리의 마음이여.

고향을 감싸주는
서해안 고속도로의 밤
그래도 고향이 그리워 왔다 가지만
서울로 달려가는 우리의 밤빛이여.

늦은 밤 고속도로는
끝없이 서울로
서울로만 향하는
우리의 시대여.

추석시편 · 3
— 외가에서

초가을 금빛 찬란한 농촌 마을에서
외숙모님은 그리운 조카에게
할머니 모습을 이야기하며
땅콩이며 뽕나무 오디, 오미자랑 따 놓은 것
마음껏 주신다.

그리곤 외조부모님의 산소로 이끄신다.
억새풀 속에 스러진 외조부모의 산소는
늘 그랬듯이 큰 소리 내지 않아도
뿌리는 그런 거라고 말씀하신다.

외조부님은 힘겨운 삶속에도
외손자가 좋아
풀잎 사이로 고개를 내미신다.
벼이삭도 함께 고개를 숙이며 반겨준다.

외가의 가을은
참새 소리와 햇살로 풍요롭게 익어간다.

빈 바가지의 추억

박꽃 핀 마을을 지나가며
튼실한 뿌리 담 밑에 내리고
문풍지 소리 들으며
덩굴손을 지붕 위로 내밀었던
하얀 박꽃을 생각한다.

유년의 추억을 기억해 내는
이 시대의 중년들에게
박꽃의 부드럽고 하얀 색감은
삶은 박속에서 익은 속청을 긁어내어
양념으로 적당히 버무려
입속에 넣던 아련한 아픔과 뒤섞인다.

둥그런 박이 뜨거운 물속에서
단단해지기 위하여 용쓸 때마다
하얀 박꽃의 흔적은 사라진다.
이제 아무도 사용하지 않는
온기도 없는 골방에서
나뒹굴고 있는 빈 바가지는 슬프다.

그래도 빈 방의 바가지는
하얀 박꽃의 아름다움을 잊지 못한다.

가을바람

맑은 하늘 눈부신 가을날
파란 하늘은 바람을 데리고
낙엽을 밟으며 길을 걷는다

어제는 농도 짙은 알코올 냄새와
섞이어 지나가다
오늘은 국화 향기 속에 묻히어
꽃향기 찾아 헤매는
벌의 날개 속에 숨더니
내일은 황톳빛 흙 속에
눈을 숨겨 놓을 바람은
그 누구의 손에도
잡히지 않는 날들을 위하여
휘익휘익, 휘이익
귓가에 스치는 청정한 소리로
늦가을의 단풍잎 색깔을
더욱 붉게 물들인다

바람은 곱디고운 가을날을 위하여
있는 힘을 다 모아
길가는 사람의 폐부 깊숙이
훨훨 불을 놓는다

똑바로

고개를 흔들지 말고
똑바로

몸을 움직이지 말고
똑바로.

눈을 감지도 말고
깜박이지도 말고
더욱 똑바로

우뚝 솟은 건물이
옆으로 기울고
폭삭 내려앉는 이 시대에는
더 더욱 똑바로

모두들 똑바로 서 있어

어머니의 꿈

휠체어에 의지하는 어머니의 꿈은
하늘을 날고 싶은 것이다

다리에 힘이 없어
휠체어에 의지하지만
마음은 언제나 하늘을 향해
달려가고 싶은 것이다

구순 중반을 넘어
기력조차 있는 듯 없는 듯
끝없는 잠을 자고 싶어
멍하니 눈을 부릅뜨고
삶을 밀어내고 있는 것이다

긴 밤과 끈질긴 낮 사이에서
이제는 어둠과 빛을
분간 못하는 이승의 아픔을
저승을 향하여 던지고 싶은 것이다

어머니의 꿈은
잠시도 자지 못하는
퀭한 눈의 눈물을 쏟아 내는 것이다

>

어쩔 수 없는 생명의 끈을
빨리 놓는 것이다
어머니는,
알 수 없는 꿈을 꾸는 게
지금의 삶인 것이다

삶은 어머니의 꿈인 것이다

시 쓰기

에어컨 밑에서
달콤한 낮잠 자기

노모老母 옆에서
흥얼거리는 어머니의 노래 소리 듣기

수박을 먹으며 시골에서 서리했던
친구들의 생각 훔치기

해수욕장 파도소리를
집으로 끌어와 몸에 끼얹기

시는 안 되는 일을
상상하며 그려 보는 것이다

생각을 비틀어 보는 것이다

삶을 위하여

그토록 찬란했던 온갖 불빛이
빛을 숨기고 있다.

희미해지는 의식 속에서도
어머니는 숨 가쁜 목소리로
사라진 빛을 찾고 있다.

'꼭꼭 숨어라 머리카락 보일라'

어느새 어머니는
숨어버린 빛을 찾는 술래가 된다.

빛은 구름 속에 숨어
어머니의 삶을 위해
생명의 빛줄기를 만들어 준다.

- 그래요 어머니,
  영원히 술래가 되어도
  힘찬 삶을 위하여
  버틸 때까지 그렇게 버텨 보세요.

술노래 · 1
— 그리운 사람

보고 싶지만
그리운 얼굴 간 곳이 없네.

그리운 사람 볼 곳이 없어
마음속에 불덩이로 남고
오가는 술잔에 태양은 힘차게 타올라
그리운 사람의 얼굴은
꼼짝없이 사위어 가네.

어허,
그래도 그리운 사람은
태양 속에서 빙그레 웃고 있네.

술노래 · 2

— 술꾼

여보게, 괴로울 때면
술을 벗 삼아 실컷 먹어 보세.

눈앞의 막걸리가 힘겨운 눈빛으로
먹어주길 바라고 있네 그려.
힘들수록 아무 말 하지 말고 그저 먹게나.

여보게, 기쁠 때면
술을 벗 삼아 거나하게 먹어 보세.

불그레한 얼굴로
술잔에 환한 웃음 가득 채우고
흥을 살려 노래를 부르게나.

기분이 우울해 술로 노래하고
기분이 좋아 술로 이야기하는
누가 뭐라 해도
그대는 언제나 술꾼이라네.

3부

지금도 장의차는 달리고 있다

간밤의 매캐한 바람을 몰고 오는
출근 차량들 사이에서
비상등을 깜박거리며 아주 유유히
지나가는 장의차를 바라본다.

슬픔도 굳어버린 무덤덤한 표정들이
차창 밖으로 쏟아지지만
뒤따르는 자동차들은 절대로 서두르지 않는다.
더욱이 경음기는 울리지 않는다.

그저 천천히 비상등을 따라 갈 뿐
평소 조급하게 서두르던 우리들의 마음은
장의차를 보고 이승의 끝을 그려 보며
얼굴도 모르고 어떤 일을 한지도 모르는
고인의 길을 침묵으로 따라가며 명복을 빈다.

오늘도 끊임없이 질주하는 차량행렬 어딘가에는
찢어진 삶의 움막에서 죽음의 낙원을 향하여
지금도 장의차는 달리고 있다.

혈청소血清所 가는 길

송도 앞바다는 여름 피서객도 잊은 지 오래
인파는 흔적도 없고 모래사장에 버려진
온갖 휴지들만 파도에 밀리어
손님을 부르는 횟집 아낙네의 소리로 파고 들었다

어디로 가는 걸까
갈매기 빈 배 위를 휘 돌더니
먼 바다 길잡이 되어 초록빛을 삼키고
움음 소리만 남기고 갔다

파도소리와 엳은 골짜기의 나무가
노래하는 길을 따라 복잡한 생각에서 멀어지는
뿌연 안개 같은 마음으로 더듬더듬 길을 가는데
호젓한 콘크리트길엔 간혹 승용차만 소리를 내고
가도 가도 끝이 없는 적막으로 발을 굴렀다

흐릿한 시야로 보이는 푯말 하나
국립동물검역소 300m
부산시 시구 암남동 혈청소 미을 400m
드디어 앞에선 개울음 컹컹 밀려 오고
오리 소리, 닭소리 떼지어 달려드는데
동네 아이 길을 물어도

퉁명한 눈빛만 보이고 말 한 마디 하지 않는다

이곳이 피보다 맑다던 그 마을이던가
바다를 바라보고 파도 소리로 살아가던 마을 사람들
이제는 바다 지켜보던 여유도 잊은 채
낯선 사람들의 자동차 엔진 소리로 멍들어 가고
혈청소 마을 하늘에는
어느새 아파트 짓고 건물 세우는 철근 소리가
마을을 덮을 듯 서성이고 있었다

꽃잎은 시들다

물오른 바람을 맞으며 소리없이 눈을 떠 본다 햇빛의 무지개빛 음악에 여리디 여린 꽃봉오리는 아린 껍질을 벗으며 환한 미소를 보낸다 활짝 핀 웃음소리 깔깔거리며 누구에게나 속삭임, 쉴 새 없이 해댄다 꽃잎은 바람과 손잡고 짙푸른 하늘에 노래 가락을 보낸다

말이 없는 바람에게 향기를 다 주고 꽃가루마저 빈 하늘에 흩뿌리던 날, 꽃잎 한 장 더욱 진하게 색깔을 내며 조용히 땅위에 포복한다 상처난 귀로 땅속의 소리 엿들으며 화려한 시절 통곡하며 짓밟힌다

꽃잎은 아픈 생채기를 흙 속에 묻는다 흩어진 꽃잎들이 뭉치면 아름답다는 뿌리의 속삭임, 떨어진 꽃잎은 또다시 바람을 생각한다 힘겨운 꽃잎 한 장, 끝내 화려한 추억을 덮어둔다

눈 내리는 겨울, 비무장지대에는

살아가는 사람들의 입김이
가슴에 아리어 잊지 못할
아픔으로 눈은 내리고
철책선마다 눈발은
이데올로기와 미움을 녹이고
이따금 경계견犬의 컹컹거리는 울음만 메아리친다

아무도 듣지 않는 울림으로 헤어져
사람들의 가슴에 울음으로 멍들어 있고
하얀 눈은 아랑곳하지 않은 채
밤에만 움직이는 멧돼지의 더부룩한
털속에도 소복히 쌓이는데
또 한편에선 먹이를 찾아
눈속을 뒤지는 고라니의 숨소리만 눈을 녹이고
긴 부리를 눈 속에 묻고
따스한 땅내음 속에 숨어 있는
일용할 먹이를 찾는 재두루미
아니, 또 한구석에선 그렇게도
아름다움을 숨긴 채
꽃봉우리 오무리는 너도바람꽃도 바람에 흔들거리고
바람은 남쪽에서 북쪽으로
때때로 북쪽에서 남쪽으로

아무 색깔 없이 마냥 우리들 가슴속에
불어오는 것만 같은 비무장지대에는
겨울의 살아 숨 쉬는 맥박이 소리 없이 뛰고 있었다

언제나 매서운 겨울 추위 속에서도
비무장지대 생명들은
이리저리 왔다 갔다 하는 경계병의
날카로운 눈빛 속에서도
그 누구를 의식하지 않은 채
여전히 마음껏 숨쉬고 있었다

탈 만들기

내 얼굴이 싫어
세상일에 쉽게 찡그리는
얼굴이 싫어
탈을 만들어 쓰기로 했습니다

물에 불린 종이 조각을
끈적이는 풀에 풀어
웃는 모습으로 만들까
우는 모습으로 만들까

부끄러울수록 빨개지는
탈을 만들어
내 방에 걸어 두고
밤마다 웃음 띤 탈이 되도록
보고 또 보기로 하였습니다

가리새 마을

— 서재수 선생님

온갖 식물의 녹음에 겨운 가리새 마을은
낙동강 지류 옆에 간신히 매달려 있고
한 여름의 강한 햇빛은
고향을 지키는 노 시인의 단아한 어깨 위에
숨죽이며 멈추어 있다

햇살이 한낮의 방문객에 놀라
갈대숲을 비집고
숨을 헐떡이고 있을 때
하얀 모시옷을 곱게 입은 시인 농부
농촌의 여름을 호주머니에 가득 채우고
빙그레 웃고 서 있다

화분마다 가득 자라는 오죽烏竹 잎이
미풍에 흔들릴 때마다
손수 빚은 모과주를 권하며
나무마다 이름을 붙여 주고
웃음이 그리워 찾아온 손님에게
하나씩 나눠 주며
또 한 번 빙그레 웃고 있다

소싸움

싫어요 주인님,
여러 사람 앞에서 내 용기를
그저 보여 주고 싶지는 않아요

싫다니까요 주인님,
나의 이 단단한 머리 뿔이
서로 부딪칠 때마다
구제역에 쓰러져 가는
동료들의 울음이 귓가에 스쳐요

견딜 수 없어요 주인님,
싸움 전에 이 자리에서 그냥 죽고 싶어요
언젠가는 떠나야 할 몸이잖아요

좋아요 주인님,
원하신다면 죽음을 의식하지 않고
내 뿔의 강한 힘을
보여 주기 위하여
앞만 보며 돌진하겠습니다

하지만 주인님,
정말 싸우고 싶지 않아요

싸움보다는 관객 속으로
숨어 버리고 싶다니까요
용서하세요 주인님

거울보기

거울을 찾는다
다시 볼 수 없는 절망에 끌리어
완전히 부숴져 있는 모습을 모자이크한
미완성의 애태움으로 뒤범벅이 된 채
보고 싶은 사람은 사라져만 간다

거울을 본다
거울 앞에 서서
내 마음을 송두리째 훤히 들여다 볼 수 있도록
가능하면 오랫동안 거울을 본다
알 수 없는 희미한 모습으로
버티고 서 있으면
오버랩 되어 함께 나타나는 그리운 사람

또다시 거울을 본다
무엇일까?
간간이 가슴속에 화끈거리는
불덩이에 숨이 막혀
나는 거울 앞에서 커다랗게 숨 쉬고 있다

혼자 걷기

그날은
구름이 바람을 타고
내 발자국을 소리없이 따라왔다.

구름은 가장 흐트러진 모습을 보이며
옛 그림자를 찾고 있었다.

그리고 그날은
가느다란 빗줄기 머리 위에
내 발걸음의 무게를
올려놓고 있었다.

또한 그날은
햇살이 구름 속에 숨어
내 숨소리를 엿듣고 있었다.

고요한 목소리로
리듬을 맞추며
심장의 고동 소리를 데우고 있었다.

감기

몸이스펀지속비누거품처럼누굴누굴해져온다정신이몽롱해지며웃음이숨어들고얼굴에는찡그린냉소만감돈다아이들의구김없는해맑은웃음마저보기싫어진다밥을보면토할것같은역겨움이여숟가락을잡으면팔이늘어진다팔,팔을잡아다오자꾸공중으로빠져나가려한다또다시가슴이답답해온다침이마르고잠,잠이올뿐이다허둥대는마음이여가물거리는의식이여

내게 강 같은 평화

강은 빛이 없다
그저 흘러가는 물결 위에
잔잔한 평화 숨기고 산다

안개

안개에
노래가 매달려 있다.

파도가 안개에
노래를 불러 놓고 있다.

안개는 아무도 모르게
대지를 집어 삼키고 있다.

대지는 휘어 감도는 안개에
훨훨 타오르고 있는데
아무도 모르게 파고드는 안개여!

지젤*을 위하여

사랑은 꽃이다
힘차게 끌어당기는 힘이 있고
황홀한 향기를 내는 꽃이다

하지만,
이룰 수 없는 사랑은 죽음이다
죽음은 버리기다
모든 것을 깡그리 잊는 것이다

그것도 아니면 죽음은,
사랑을 끌어안고 숨어버리는 것이다
꼭꼭 숨어 숨바꼭질 놀이를 하는 것이다

지젤의 사랑은
아무도 모르게
어느 곳에서도 찾을 수 없는
그리움을 찾아가는 것이다

* 지젤 : 1841년 파리 오페라 극장에서 초연했던 이루지 못할 사랑의 아픔과 죽음을 뛰어넘는 사랑을 그린 로맨틱 발레로서 여주인공의 이름이기도 함. 여러 차례 영화로 제작됨.

어느 노인

그랬다
밤늦게 리어카를 끌고
폐휴지를 주워 모으는 노인

인적이 드문 길목에서
그 누구도 쳐다보지 않는데
내일의 삶을 위해
재빠른 손놀림으로 폐휴지를 모으며
힘겹게 버티고 서있다

노인은
살기 위해
살아가기 위해
그렇게 밤거리를 서성이며
재활용 폐휴지를 고르고 있는 것이다

시계는 자정을 넘어서고
전봇대에 걸린 가로등만
노인에게 위안이 되는 밤

그랬다
노인에게 삶은 참, 힘든 것이다

지심도

지심도에 갔다.
지심도는 그대로가 아니었다.
고요한 바다 위에 떠있는
동백꽃 무더기는 보이지 않았다.
나무들 맥없이 서 있을 뿐
바다는 모른 체
파도 소리만 내고 있었다.

30여 년 전 다녀온 지심도이건만
동백나무는 왠지 사람들이 수군거리는 소리에
꽃망울을 오무렸다.

한려수도의 멋진 풍광을 안고 있었지만
지심도는 매끄럽게 다져진 길따라
한숨을 쉬고 있었다.

사람들이 너무 몰려와
하늘 위로 떠올라 내려올 줄 몰랐다.

쓸개 빠진 놈

어느 날, 내게 필요한 신체 장기 일부가
나도 모르게 망가지고 있다니
담낭에 폴립이 여러 개나 자라고 있었다니
기분이 참 그랬다.

세상을 다 이해한 듯
사람들의 아픈 마음을 모두 받아주는 척 할 때부터
어리석은 마음을 뒤흔드는 나쁜 용종들이
이렇게 몰려 올 줄 왜 몰랐을까?
하지만 나는 쓸개 빠진 놈이 되어
세상에 부딪히기로 했다.

병실에 누워 구멍 뚫린 배를 보며
더 싱싱하게 살아가리라 큰 소리 치기로 했다.

실없이 웃음 짓는 일이 잦아지면
쓸개 빠진 놈이라 큰 소리로 외치기로 했다.

그래도 쓸개 빠진 놈이라니 참 그렇다.

사랑 또는 프리다 칼로를 위한 변명
— 프리다 칼로 전시회를 보고

> 내가 나를 그리는 이유는
> 너무 자주 외롭기 때문에,
> 그리고 그것이 내가 가장 잘 아는 주제이기 때문이다.
>
> — 프리다 칼로

절망에서 피어난 천재 화가로 알려진
프리다 칼로* 전시회를 보기 위해
서울 올림픽 공원 내 소마미술관에 갔다.

태어날 때부터 앓아온
무딘 신체의 버거움으로 힘들게 살았던
그녀의 운명은
한 남자를 만남으로써
그녀를 사랑의 판도라 상자에 밀어 넣었다.

디에고 리베라**와의 뜨거운 포옹은
그녀를 그림의 세계로 끌어들이고
행복은 나날의 생활 속에서
종이에 날개를 달았다.

사랑이 너무 깊어지면
슬픈 꿈이 되어
시련을 안겨 주는 것일까?

>

디에고 리베라는 잠재해 있던
바람벽이 되살아나고
교통사고와 이혼,
반복되는 유산의 고통은 끝이 없었다.

프리다 칼로는 그림 속에
강렬한 색깔로 참을 수 없는
자신의 모습을 토해냈다.
잃어버린 사랑을 화폭에 쏟아내며
애증과 정신적 피폐를 자화상으로 표현하고
강렬한 자화상 속에
자신을 송두리째 가두어 두고 울었다.

너무나 절망적인 사랑에 울었기에
그림 속에서도 프리다 칼로의 모습은
보는 사람들에게 더 큰 사랑의 울림으로 쌓이고
프리다 칼로의 자화상은
아픔을 치유할 사랑을 찾아 세상을 떠돌고 있었다.

* FRIDA KAHLO(1907-1954) 멕시코의 천재 화가로 널리 알려져 있으며, 서울 올림픽 공원 내 소마미술관에서 2015.6. 6.~9. 4.에 프리다 칼로 전시회가 있었음.

** DIEGO RIVERA(1886-1957) 멕시코 당대 최고의 벽화 작가로 프리다 칼로의 남편.

가족의 흔적

어릴 때 나는 어머니와 단 둘인 적이 많았다.
아버지는 농군임을 자랑하듯
새벽에 나가 어둠이 내릴 때까지 온 들판을 쏘다니셨다.

몹시도 춥던 어느 겨울 날,
아버지는 시골 고향 들녘에
아쉬운 듯 가녀린 숨소리를 던지고 영영 떠나셨다.

아버지는 넓은 들판에 생각과 마음을 심고
얼큰한 막걸리에 흘러간 노랫가락을 뿌리기를 좋아하셨다.
시골 들판에는 아버지의 노래가 항상 흘러 나왔다.

홀로되신 어머니는 그 노래가 듣기 힘들어
고향을 떠나 객지에 있는
막내아들과 함께 살게 되었다.

내 나이 서른으로 치닫던 어느 날
한 사람이 나에게 달려왔다.
시간이 또 지나 함께 마음을 나눠 가졌던 가족은
어머니와 아들, 딸과 더불어 다섯이 되었다.

하지만, 어머니는 구순을 넘기며 떠나시고

아이들은 장성하여 각자 일터로 떠나갔다.

집안은 텅 빈 동굴처럼 조용해졌지만
아버지의 노래 소리는 어디에도 들리지 않았다.

욕심

나를 모르고 나를 못보는 눈
남은 더욱이 못보고 남을 모르는 눈

믿을 수 있는 사람이라
마음 놓고 마음을 줄 사람이라
더 무엇을 바라는지
타인의 눈을 보지 않는다.
아니 보지 못한다.

그렇게 맥없이 세월은 흐른다.

독백

차 한 잔 산 일 없고
밥을 같이 먹은 적은 더욱 없는데
나를 언제 알았다고……

얼굴 똑바로 보지 않는다고
더욱이 마음을 읽지 못한다고
섭섭하다고 지랄한다.

무엇이 나를 안다고
속절없이 세월은 가는데
아는 척 하는 사람도 없는데……
나에게 돌팔매를 던지는
너는 누구인고?

참말로 믿을 놈 아무도 없다.

잡초

참 질긴 놈들
보도블록 사이를
어떻게 비집고 들어가
싹을 틔우고
파란 이파리를 내밀었을까?

안간힘을 쏟아
손가락으로 끄집어내려 해도
끈질기게 버티는 놈들
허리가 부러져도
비명 한번 안 지르고
지독한 인내심으로
생명의 끈을 놓지 않는 반항아들

그래, 누가 뭐라 해도
견딜 수만 있다면
더 깊이 뿌리를 박고
꽃도 피우며
오래오래 견디며 살아보는 거다.

오케스트라

바람이 떨어진다.
소리가 굴러간다.
소리가 황홀한 노래되어 올라간다.

선율이 뜨거운 가슴속에
전율로 끓어오르고
모든 현악기와 관악기가
타악기와 어울려 소리의 향기로
관객의 가슴 속에 둥글둥글 박힌다.

발이 동동 솟구치며
아름다운 선율로 함께 노래한다.
오케스트라의 화음이
온 사람의 마음속에 파고든다.

소리가 빛이 되어
모든 사람의 가슴을 뜨겁게 달군다.

오케스트라의 화음은
소리의 향연이다.
멈추지 않는 소리의 빛이다.

애견시대

컹컹, 우리 안에 갇혀 있다고 유리창 너머로 가여운 듯 보지 마시오 그 누가 뭐라 해도 맛있는 먹이 앞에 놓고 잠이 오면 느긋하게 잘 수 있다오 이게 바로 개팔자가 아니겠소 컹컹, 이 밥은 먹다만 찌꺼기 먹이가 아니라오 우리 주인이 슈퍼마켓에서 언제든지 사다주니 배고픈 설움도 모른다오 컹컹, 정말 귀엽거든 들어와 값이 비싸더라도 나를 사가 주세요 자동차도 타보고 싶고 바람도 쐬고 싶소 마음먹고 사람들에게 개팔자가 뭔지도 보여 주고 싶소 컹컹.

뭘 그래

술 한 잔 했다고 그러지마

이래도 저래도 세월은 가는 거라며
말을 걸어오는 그대

세상은 알게 모르게
흘러가는 물이라네

삶이 고달프다는 그대
뭘 그래,
세월은 모른 척 가는데 말이야

일어나 봐

남녘에서 불어오는 훈훈한 바람에
축 늘어졌던 온갖 식물들이
힘을 내 일어나고 있다

겨우내 움츠렸던 개나리와 목련이
제철을 만난 듯
일제히 고개를 쳐들고 있다

모두 일어서려 온 힘을 쏟고 있다

자, 모두 더 힘을 내어
일제히 일어나 봐
- 봄, 봄이다

사랑

바닷가 바위에
부딪치는 파도 속에
꼭꼭 숨어 있는 것

가슴 속에
땀을 뻘뻘 흘리며
뛰어다니게 하는 것

머릿속에 벌겋게 달아올라
깊숙이 자리 잡고 있는 것

모든 사람을 위해
아무도 모르게
매일 걸어 다니며 불을 지르는 것

중독

꽃을 찾는다
꽃의 향기를 맡아 본다
꽃의 향기 속에 쏙 들어간다

핸드폰을 찾는다
보내온 문자메시지를 읽어본다
문자 속에 푹 들어간다

사람을 찾는다
사람의 향기를 맡아 본다
사람의 향기에 쿡 파묻힌다

아늑하다
아찔하다
숨이 막힌다

해설

생생한 날것의 향기와 자아의 내면 풍경

임종성 시인 · 문학박사

내가 읽은 이 시 한 편

비의 사랑법

반경환 『애지』 주간 · 철학예술가

탱자 가시로 그린 내면의 초상肖像

송유미 시인

생생한 날것의 향기와 자아의 내면 풍경

임종성 시인 · 문학박사

1. 시와 날것의 생생한 향기

언어는 아주 조용하고 한적한 곳에 머물러 있어 다분히 잊기 쉽다. 이러한 언어는 시 쓰는 이에게는 거의 생명과 다름없다. 그러나 시인이 시를 쓴다고 하지만 그것은 몇 행이지 그 나머지는 언어가 쓰는 것이다. 언어가 쓰는 시는 생생한 날것의 향기로 세상의 천지사방에 퍼져 나간다. 이러한 단상에 기대어 정재규 시인의 처녀시집 『나비는 장다리꽃을 알지 못한다』의 내부를 깊이 읽어 보기로 한다.

2. 사랑의 변주곡과 분수의 파장

비가 사랑을 한다
나는 새의 깃털 속에도
먼지 얼룩진 나뭇잎에도
우산을 들고 오가는 소녀의 얼굴에도
사랑을 퍼붓는다
부드러운 숨소리

비가 사랑을 한다.
햇빛을 그리워하는 사람들을 향해
가물어 가슴 졸인 농부들을 향해
더욱 줄기차게 사랑을 퍼 붓는다
웃음 되는 빗물
눈물 되는 가뭄

비가 온다고 투덜거리는 자에게
분위기에 젖어 창밖을 바라보는 자에게도
똑같이 사랑을 알려준다
사랑을 듬뿍 담아준다
비, 비, 비의 사랑을
—「비의 사랑법」 전문

이 시에서 화자는 비가 사랑하는 것을 보여 주고 있다. 비는 언제 어디서나 사랑을 시작한다. 그래서 "비가 사랑을 한다/ 나는 새의 깃털 속에도/ 먼지 얼룩진 나뭇잎에도/ 우산을 들고 오가는 소녀의 얼굴에도 사랑을 퍼붓는다"고 들려준다. 이와 같이 비의 사랑은 어떤 특정한 대상에만 한정되어 있지 않다. 우리는 오직 사랑 안에서 사랑을 통하여 사랑과 함께 완전해질 수 있는 것이다.

절망에서 피어난 천재 화가로 알려진
프리다 칼로 전시회를 보기 위해
서울 올림픽 공원 내 소마미술관에 갔다.

태어날 때부터 앓아온
무딘 신체의 버거움으로 힘들게 살았던
그녀의 운명은
한 남자를 만남으로써
그녀를 사랑의 판도라 상자에 밀어 넣었다.

디에고 리베라와의 뜨거운 포옹은
그녀를 그림의 세계로 끌어들이고
행복은 나날의 생활 속에서
종이에 날개를 달았다.

사랑이 너무 깊어지면
슬픈 꿈이 되어
시련을 안겨 주는 것일까?

(중략)

잃어버린 사랑을 화폭에 쏟아내며
애증과 정신적 피폐를 자화상으로 표현하고
강렬한 자화상 속에
자신을 송두리째 가두어 두고 울었다.

너무나 절망적인 사랑에 울었기에
그림 속에서도 프리다 칼로의 모습은
보는 사람들에게 더 큰 사랑의 울림으로 쌓이고
프리다 칼로의 자화상은

아픔을 치유할 사랑을 찾아 세상을 떠돌고 있었다.

—「사랑 또는 프리다 칼로를 위한 변명」 부분

시 속에 드러나 있듯 삶의 벼랑 끝에서 피어난 붉고 뜨거운 꽃인 프리다 칼로. "태어날 때부터 앓아온/ 무딘 신체의 버거움으로 힘들게 살았던" 그녀의 운명은 가혹하기 이를 데 없다.

그럼에도 불구하고 이 시의 화자는 그녀가 사랑하는 사람을 만날 수 있는 것을 축복하며 "디에고 리베라와의 뜨거운 포옹은/ 그녀를 그림의 세계로 끌어들이고/ 행복은 나날의 생활 속에서/ 종이에 날개를 달았다"는 행간처럼 프리다 칼로를 향한 사랑의 진실을 제시하고 있다.

그러나 사랑이 깊을수록 "슬픈 꿈이 되어/ 시련을 안겨주는 것"이어서 "잃어버린 사랑을 화폭에 쏟아"내며 사랑으로 인한 고통을 감내하고 있는 모습을 보여준다. 이와 같이 사랑의 시는 우리의 근원적이며 본질적인 결핍을 채워준다는 점에서 아주 값진 미적 가치를 지닌다.

사랑은 꽃이다.
힘차게 끌어당기는 힘이 있고
황홀한 향기를 내는 꽃이다.

하지만,
이룰 수 없는 사랑은 죽음이다.
죽음은 버리기다,
모든 것을 깡그리 잊는 것이다.

그것도 아니면 죽음은,
사랑을 끌어안고 숨어버리는 것이다.
꼭꼭 숨어 숨바꼭질 놀이를 하는 것이다.
—「지젤을 위하여」 부분

사랑은 보석의 향기다. 화자는 "사랑은 꽃이다/ 힘차게 끌어당기는 힘이 있고/ 황홀한 향기를 내는 꽃이다"고 들려준다. 사랑만큼 큰 힘을 내장하고 있는 것은 없다. 그래서 "이룰 수 없는 사랑은 죽음"에 이르는 병이 되는 것이다.

어느 날, 내게 필요한 신체 장기 일부가
나도 모르게 망가지고 있다니
담낭에 폴립이 여러 개나 자라고 있었다니
기분이 참 그랬다.

세상을 다 이해한 듯
사람들의 아픈 마음을 모두 받아주는 척 할 때부터
어리석은 마음을 뒤흔드는 나쁜 용종들이
이렇게 몰려 올 줄 왜 몰랐을까?
하지만 나는 쓸개 빠진 놈이 되어
세상에 부딪치기로 했다.

병실에 누워 구멍 뚫린 배를 보며
더 싱싱하게 살아가리라 큰 소리 치기로 했다.
—「쓸개 빠진 놈」 부분

신체의 일부가 마모되거나 손상을 입어도 생명의 유지에는 크게 지장을 드러내지 않는 것으로 알려져 있다. 우리의 내장 중에 쓸개는 없어도 건강을 유지하는 데는 별로 부담이 되지 않는가 보다. 화자는 쓸개를 제거하기 위하여 입원하고 있는 과정을 뒤돌아보고 있다.

"어리석은 마음을 뒤흔드는 나쁜 용종들이/ 이렇게 몰려 올 줄 왜 몰랐을까"하고 자문하면서 상실된 쓸개 없이도 살 수 있다는 자신감을 품는다. 그런데 한 개인의 삶은 은둔만 하고 현실을 기피할 수는 없다.

올라가 보자.
흰 거품을 몰고라도
더 힘껏 치솟아 보자.

조그만 구멍으로 빠져 나오는
숨 막힘은 있어도
수없이 돌아가는 모터의 펌프질로
가끔은 약하게
간혹 세차게 오르는 것이다.
물거품처럼 가벼운 그리움을 찾아

세찬 물줄기는
텅 빈 하늘의 푸른 틈을
생각하지 않고
오직 떨어지는 즐거움으로
힘차게 발돋움하며 오르는 것이다.

햇빛 속에 숨은 무지개를 찾아

—「분수噴水」 전문

큰 도시에 나오면 흔히 보게 되는 풍경 가운데 분수가 있다. 이러한 분수는 도시인들의 욕망의 다른 이름이기도 하다. 그래서 "올라가 보자/ 흰 거품을 물고라도/ 더 힘껏 치솟아 보자"고 권면하고 있다.

보들레르는 "흥겨운 달님의/ 빛을 받아/ 千의 꽃으로/ 피어난 분수"의 싱그럽고 시원한 장면을 보여준다. 이러한 분수는 날개를 가지고 하늘로 날면서 지저귀고 나무로 변할 수 있다. 하나의 줄기에서 수많은 가지를 치고 너울거린다. 물방울들은 불꽃으로 흩어진다. 그리고 분수에서 화자는 문득 스치는 자기 모습을 떠올리기도 한다.

3. 탈과 거울, 새로운 시작

내 얼굴이 싫어
세상일에 쉽게 찡그리는
얼굴이 싫어
탈을 만들어 쓰기로 했습니다.

물에 불린 종이 조각을
끈적이는 풀에 풀어
웃는 모습으로 만들까.

부끄러울수록 빨개지는

탈을 만들어
내 방에 걸어 두고
밤마다 웃음 띤 탈이 되도록
보고 또 보기로 하였습니다.
—「탈 만들기」 전문

도시 생활공간에서 참된 자아로만 살겠다는 것은 감상을 크게 넘지 못한다. 칸트는 "사람은 모두 문명이 진보하면 할수록 점점 더 배우가 되어 간다. 말하자면 사람은 남에 대한 존경과 호의, 정숙함과 공평무사의 가면을 쓴다. 그러나 아무도 그런 것에 속아 넘어가지 않는다."(『인간학』)고 말하고 있다.

그런데 현대시에서 시인의 객관적 감정의 표현에 관심을 기울인 낭만주의의 관점은 시인과 시 속의 화자를 동일시하는 개성론個性論이다. 이에 대한 반동적 처지에서 모더니즘은 언어의 형식적 자질을 통해 개성론을 이겨내고 객관성과 몰개성론沒個性論을 성취하려 한 것이다.

이러한 현상을 반영한 화자(퍼스나, persona)는 '언어 속의 인간'으로서 육체를 지닌 시인과 다른 것이다. 시인은 '작품 밖'에 있지만 화자는 '작품 속'에 있다. 이와 같이 서로 다른 차원에서 시인과 화자를 동일시하느냐, 그렇지 않느냐 하는 관점에 따라 개성론과 몰개성론으로 나누어진다.

시에는 네 사람이 잠재되어 있는데, 인물이 함축되거나 드러나거나 작품 구성 요소 속에 개입된 화자, 청자, 그리고 작품 밖의 시인과 독자가 서정 양식의 기본 요소가 되는 것이다.

화자는 "세상일에 쉽게 찡그리는/ 얼굴이 싫어/ 탈을 만들어 쓰기로 했습니다."며 고백한다. 탈을 쓰고, "물에 불린 종이 조각을/ 끈적이는 풀에 풀어" 놓으면 웃는 얼굴이 되기도 하고 우는 얼굴이 되기도 한다.

그래서 "부끄러울수록 빨개지는/ 탈을 만들어" 보여주는 화자는 비쳐지는 자아로서 "밤마다 웃음 띤 탈이 되도록/ 보고 또 보기로 했습니다"고 들려주는 것이다. 이러한 탈과 가장 근접해 있는 것이 거울이다.

"알 수 없는 희미한 모습으로/ 버티고 서 있으면/ 오버랩 되어 함께 나타나는 그리운 사람"(「거울보기」)처럼 거울은 탈을 벗겨 내어 본래의 모습을 드러내 준다.

그런데 화자가 거울을 보는 것은 이 세상에서 다만 자기의 모습을 보기 위한 것일 뿐만 아니라, 자기가 어떻게 사람들 가운데 비칠까를 보기 위해서이기도 한다. 거울 앞에 서면 자기와 가장 낯선 사람과 대면하게 된다.

잔잔한 물결 위에
그 누구도 알아듣지 못할
질문을 던져 본다

하늘에는 왜 사느냐
땅에는 왜 죽어야 하는가라는
우둔한 물음

天地間에는
내 옆에 살고 있는 사람이 있어 살고
죽어가는 사람 있으니까 죽는가
—「天地間」 부분

화자는 끊임없이 "잔잔한 물결 위에/ 그 누구도 알아듣지 못할/ 질문"을 던져 보는 것이다. W. 세익스피어는 "나는 이 세상을 다만 보고 있다. 모든 사람이 각기 한 역할씩 하지 않으면 안 될 무대라고 생각하고 있다"고 말한다.

이렇게 세상에는 "우둔한 물음"에 속시원한 해답이 없는 가운데 삶이 지속된다.

희미해지는 의식 속에서도
어머니는 숨 가쁜 목소리로
사라진 빛을 찾고 있다

'꼭꼭 숨어라 머리카락 보일라'

어느새 어머니는
숨어버린 빛을 찾는 술래가 된다.

빛은 구름 속에 숨어
어머니의 삶을 위해
생명의 빗줄기를 만들어 준다
—「삶을 위하여」 부분

간밤의 매캐한 바람을 몰고 오는
출근 차량들 사이에서
비상등을 깜박거리며 아주 유유히
지나가는 장의차를 바라본다.

슬픔도 굳어버린 무덤덤한 표정들이
차창 밖으로 쏟아지지만
뒤따르는 자동차들은 절대로 서두르지 않는다.
더욱이 경음기는 울리지 않는다.

그저 천천히 비상등을 따라 갈 뿐
평소 조급하게 서두르던 우리들의 마음은
장의차를 보고 이승의 끝을 그려 보며
얼굴도 모르고 어떤 일을 한지도 모르는
고인의 길을 침묵으로 따라가며 명복을 빈다.
—「지금도 장의차는 달리고 있다」 부분

「삶을 위하여」에서 화자는 "어느새 어머니는/ 숨어 버린 빛을 찾는 술래가 된다"에서 맑고 환한 영혼의 창인 어머니를 통해 빛을 찾고 있다. 우리의 삶은 죽음에 둘러 싸여 있다. 그러나 죽음은 종말이 아니라 삶의 새로운 시작이다. 죽음은 삶과의 분리이면서 밀접한 자기 결합이다. 죽음에 의해 삶은 완성된다.

「지금도 장의차는 달리고 있다」에서 화자는 "비상등을 깜박거리며 아주 유유히/ 지나가는 장의차"를 바라본다. 상주나 문상객들은 "슬픔도 굳어버린 무덤덤한 표정"으로 장의차에 오르고 있다. 그저 "얼굴도 모르고 어떤 일을 한지도 모르는/ 고인의 길을 침묵으로 따라가며 명복"을 빌 뿐, 말이나 눈짓이 모두 돌이 되어 버린다. 그러나 죽음은 생애의 끝이 아니라 새로운 시작인 것이다. 죽고 사는 것은 마음에서 나온 것이어서 처음부터 생사가 없는 것이다.

늦봄 한낮의 방향 잃은 햇살이
아찔한 졸음을 몰고 와
달리는 차를 잠시 붙들어 놓는 사이
노랑나비 한 마리 승용차 앞 유리창에 달려들어
미끄럼을 타듯 파득거린다.

앞만 보고 필사적으로 붙고 또 붙고
힘겨운 탈출을 시도하는 노랑나비
주위에 꽃도 없고 안주할 환경이 아닌
삭막한 아스팔트 도로 위에
나는 어쩌다 이 나비와 마주쳤을까

이 나비의 앞날을 생각하는 사이
긴 장다리꽃에 입대롱 길게 넣어
꿀을 빨고 있던 내 유년의 나비는
어느새 내 앞에 쏜살같이 날아와
노란 장다리꽃을 여기 저기 심어 놓는다.

하지만 아스팔트 도로 위에서
향할 곳이 어디인지도 모르는 이 나비는
장다리꽃 향기를 맛볼 수 있을까

아직도 유리창에 부딪히며
비상을 꿈꾸는 나비여
봄날 햇살에 활짝 핀 장다리꽃은
퍼득이는 날개짓 진동으로

시베리아까지 떨림 전하는 너를 찾아
무수히 꽃향기를 쏟아 붓는다
—「나비는 장다리꽃을 알지 못한다」 전문

이 시에서 화자는 "향할 곳이 어딘지도 모르는" 나비가 장다리꽃 향기 맛볼 수 있을까 하는 우려를 갖기도 하면서도 "아직도 유리창에 부딪치며/ 비상을 꿈꾸는 나비여"의 행간에 드러나듯 환한 날개짓의 진동을 믿는 소망을 품고 있다.

장다리꽃은 고유한 향기로 한 순간에 영원을 빚으며 시의 소중한 지배소가 되는 나비를 찾아 나서고 있다. 이러한 나비는 장다리꽃을 향해 제 날개가 찢어지도록 눈부신 상승과 비상을 만들어 나가는 생명의 싱싱한 감각을 제시한다.

4. 심미적 감수성과 서정의 향기, 풍경의 내면

정재규 시인의 처녀시집 『나비는 장다리꽃을 알지 못한다』에는 시는 의미가 아니라 존재여야 한다는 것에 대한 믿음에, 진부한 관념보다는 새로운 감각을 제시하는 것에 대한 비중이 크게 자리 잡고 있다.

오랜 시력과 시적 수준에 비해 너무 늦게 나온 이 시집은 소리 없이 깊이 퍼지는 사랑의 변주곡 속에서 심미적 감수성의 촉수로 자아와 사물, 세계를 모두 포용하는 미적 가치를 지니고 있다. 세상에 내재한 무겁고, 낡고, 때 절인 의미와 관념을 내려놓고 생기 넘치게 가슴에 감도는 벅찬 말들로 이루어진 삶의 전면적 진실, 서정의 향기와 풍경의 내면은 아주 깊고 넓게 감화력을 불러일으킨다.

내가 읽은 이 시 한 편

비의 사랑법

반경환 『애지』 주간 · 철학예술가

비가 사랑을 한다
나는 새의 깃털 속에도
먼지 얼룩진 나뭇잎에도
우산을 들고 오가는 소녀의 얼굴에도
사랑을 퍼붓는다
부드러운 숨소리

비가 사랑을 한다.
햇빛을 그리워하는 사람들을 향해
가물어 가슴 졸인 농부들을 향해
더욱 줄기차게 사랑을 퍼 붓는다
웃음 되는 빗물
눈물 되는 가뭄

비가 온다고 투덜거리는 자에게
분위기에 젖어 창밖을 바라보는 자에게도

똑같이 사랑을 알려준다
사랑을 둠뿍 담아준다
비, 비, 비의 사랑을
—「비의 사랑법」 전문

사랑이란 무엇일까? 사랑이란 어떤 사람을 열렬히 좋아하는 마음일 수도 있고, 사랑이란 어떤 대상—국가, 민족, 동물, 식물 등—을 매우 좋아하는 마음일 수도 있다. 하지만, 사랑이란 삶의 근본적인 에너지이며, 우리 인간들은 사랑이 없으면 잠시도 살아갈 수 없는 그런 동물에 지나지 않는다.

음과 양의 조화에 의하여 만물이 탄생하고, 아버지와 어머니의 사랑에 의하여 아들이 태어난다. 낮과 밤의 사랑에 의하여 만물이 자라나고, 선과 악의 사랑에 의하여 도덕이 자라난다. 사랑에 의해서 태어나고 사랑에 의해서 살아가며, 사랑에 의해서 죽어간다. 모든 질투와 증오와 중상모략과 싸움과 전쟁마저도 사랑을 얻기 위한 방법적 수단에 지나지 않는다. 왜냐하면 사랑은 영원한 생명의 에너지이기 때문이다.

우리는 늘 사랑에 목 마르고, 우리는 늘 사랑 때문에 배가 고프다. 아버지와 어머니가 살아가는 것도 사랑의 힘이고, 나와 아내가 살아가는 것도 사랑의 힘이다. 스승과 제자가 살아가는 것도 사랑의 힘이고, 친구와 친구가 살아가는 것도 사랑의 힘이다. 이교도와 이교도가 살아가는 것도 사랑의 힘이고, 원수와 원수가 살아가는 것도 사랑의 힘이다. 모든 학문은 사랑의 기술(이론)을 획득하기 위한 것이며, 모든 도덕은 사랑을 실천하기 위한 도덕에 지나지 않는다. 사랑의 기술은 이론철학이 되고, 사랑의 실천은 도덕철학이 된다. 학문 중의 학문인 철학은 이처럼 이론철학과 도덕철학으로 되어 있다고 하지 않을 수가 없다.

사랑을 하지 못해도 병이 나고, 사랑을 받지 못해도 병이 난다. 상사병相思病은 삶에의 의지가 꺾여버리는 질병이며, 그 어떤 암적인 종양도 이 상사병처럼 무서운 것은 아니다. 상사병 때문에 장미전쟁이나 트로이전쟁이 일어났던 것이고, 또한 상사병 때문에 제1차 세계대전과 제2차 세계대전은 물론, 히로시마와 나가사키에 원자폭탄을 투하시키게 되었던 것이다. 민족주의와 제국주의, 또는 공산주의와 세계시민주의 등, 모든 사상과 이념들마저도 이 상사병이 변형된 것에 지나지 않는다. 사랑을 하거나 사랑을 받지 못하면 그는 소외되고, 이 소외된 인간이 최후의 발악과도 같은 모든 비극적인 사건들을 다 연출해내게 된다.

'나는 로마시민이다, 나는 런던시민이다. 나는 파리시민이다, 나는 대전시민이다'라고 할 때, 그는 그가 소속된 사회에서 사랑을 주고 받으며 살아간다는 것이 되고, '나는 공무원이다, 나는 농부이다, 나는 시인이다, 나는 정치인이다'라고 할 때, 그는 그가 소속된 직장(단체)에서 사랑을 주고 받으며 살아간다는 것이 된다. 모든 이름, 모든 이념, 모든 도덕, 모든 상품, 모든 사상들은 사랑이 특화된 것들이며, 이처럼 사랑은 '천의 얼굴'을 지닌 마술사라고 할 수가 있다. 사랑을 한다는 것은 씨앗을 뿌린다는 것이며, 사랑을 받는다는 것은 그 씨앗을 받아들인다는 것이다. 사랑으로 씨 뿌리고, 사랑으로 밥을 먹는다. 사랑으로 싸우고, 사랑으로 웃는다. 사랑으로 참고 견디며 그 모든 것을 다 끌어안는다.

물은 생명의 근원이며, 물이 없으면 그 어떤 생명체도 살아가지 못한다. 탈레스는 물을 에너지(불)라고 이해하지 못한 수성론자水性論者이긴 하지만, 그러나 그 오류마저도 정재규 시인의「비의 사랑법」이 다 끌어 안아준다.

비가 사랑을 한다
나는 새의 깃털 속에도
먼지 얼룩진 나뭇잎에도
우산을 들고 오가는 소녀의 얼굴에도
사랑을 퍼붓는다
—「비의 사랑법」 부분

비의 사랑 앞에서는 만인이 평등하고, 비의 공화국은 민주주의 공화국이다. 햇빛을 그리워하는 사람에게도, 가물어 가슴을 졸이는 농부에게도, 비가 온다고 투덜거리는 사람에게도, 분위기에 젖어 창밖을 바라보는 사람에게도 똑같이 사랑을 알려준다. 사랑을 듬뿍 담아준다.

사랑은 아낌없이 주는 것이고, 사랑은 아낌없이 받는 것이다. 사랑은 밥이고 도덕이다. 사랑은 철학이고 종교이다. 사랑은 돈이고 성이다. 사랑만이 성스럽고, 모든 문명과 문화는 사랑의 꽃이다.

사랑은 물이고, 불이고, 공기이고, 대지이다. 사랑은 물, 불, 공기, 대지, 즉 이 4원소四元素의 모태이고, 모든 위대함의 근원이기도 한 것이다.

나는 정재규 시인의「비의 사랑법」을 통하여, 이 '사랑의 철학'을 깨닫게 되었다.

사랑으로 비가 내리고, 사랑으로 시의 새싹이 움튼다.

내가 읽은 이 시 한 편

탱자 가시로 그린 내면의 초상肖像

송유미 시인

그 누구도 근접하지 못하게
촘촘히 스크럼을 짜고
바늘 침 같은 가시까지
나뭇잎 속에 숨겨둔 채
탱자나무는 접근 금지를 외치고 있지만
병아리는 어미닭 몰래
종종걸음으로 무서움도 모르고
탱자나무 덩굴 밑을 자유롭게 넘나든다
—「내 안의 탱자나무 울타리」 부분

기독교에서 인류를 구원한 예수님의 사랑은 가시면류관으로 상징된다. 이는 편안한 자세로 보리수 밑에 수행하는 불교에서의 '깨달음'으로 지칭되는 차원의 나무(상징)와는 많이 다르다. 우리나라에서는 예로부터 죄인이 사는 집은 가시울타리를 쳤다고 전한다. 뾰쪽뾰쪽 허공을 찌르면서 가시를 품고 자라는 따뜻한 새 둥지처럼, 「내 안의 탱자나무 울타리」의 날카로운 가시들은 마치 화살표처럼 환원還元에의 의지를 가리키고 있다.

그렇다. 가시처럼 아픈 상처를 입은 힘든 사랑은 결국 가시 무성한 어머니의 눈물겨운 사랑이 따뜻하게 품어준다. 아련한 고향집 불빛이 새어나오는 그리운 탱자울타리의 사립문 앞을 잠시 서성여 보라.

"그 누구도 근접하지 못하게/ 촘촘히 스크럼을 짜"고 있는 듯하지만, 그 가시 울타리가 나약한 존재(병아리)를 지켜주고 있다. 그리하여 노란 "병아리는 어미닭 몰래/ 종종걸음으로 무서움도 모르고" 자유를 만끽하며 성장하고 있음을.

정재규 시인은 「내 안의 탱자나무 울타리」를 통해 아픈 유년의 초상을 중첩시켜 놓고 있다. 즉 내 몸 밖의 '탱자나무 울타리'는 내 몸 안에서 이미 자라고 있는 불가시적 자아, 그 자아를 시 속에 자연스럽게 옮겨 놓고 있다. 아니, 지나칠 정도로 가시(발톱)를 세우며 열심히 무성한 가시울타리를 치고 살아가는 현대인의 초상을 묘사하고 있다.

영원불멸한 지구인들의 사랑의 멘탈, 예수님은 험상궂은 로마병사들에 의해 낡은 홍포를 걸쳐 입고 피를 철철 흘리며 십자가에 못 박힌 지 사흘 만에 부활하였다. 예수님이 쓴 가시면류관을 만든 나무의 이름이 무엇이었는지 종교계에서는 아직 말이 많지만, 예수님의 고통 많은 사랑이 결국 고통 받는 인류를 영원히 구원한 셈이다.

우리는 매일 사랑으로 인해 고통 받고 고통을 준다. 그리하여 사랑이 없이는 살아갈 수 없기에 더 가시밭 같은 아픈 사랑을 생산한다. 사실 이 세상 고통 없는 사랑은 어디에도 없다. 단 하루도 마음껏 기댈 곳 없는 쓸쓸한 마음을 위로받기 위해 찾아

가는 고향집 탱자 울타리 안에서 새어나오는 불빛에서 고슴도치 같은 어머니의 손과 발에 박힌 아픈 가시의 사랑을 보리라.

그리하여 뼈아픈 바늘 '가시(고통)'를 오롯이 삭혀내어 내뿜는 하얀 탱자 꽃향기는 가없는 어머니의 현현처럼 아름다운 것이다. 무성한 가시울타리가 있어서 평화롭게 노래하는 새들의 작은 보금자리를 지켜주는 탱자나무 울타리는, 곧 의지가 박약한 내면을 지켜주는 피뢰침과 동궤된다.

사계절 그렇게 위압적인 가시를 숨겨 두지만
병아리의 재잘거리는 소리에 놀라고
봄의 맑고 푸른 바람을 맞으면
봉곳이 하얀 탱자꽃을 피우며
애써 부드러운 향기를 내 보낸다
—「내 안의 탱자나무 울타리」 부분

햇살의 발목 같은 연약한 가시가 영롱한 빗방울을 머금듯이 태양 빛에 막 사라질 새벽이슬을 품듯이, 아기 주먹 하나도 넣기도 힘든 가시 무성한 울타리 속에서도 아픈 가시들은 품고 싹을 틔우고 꽃을 피우고 탱자 열매를 맺는다.

가시 많은 나무 열매들은 가시 없는 나무 열매와 달리 나쁜 독을 다스리는 한약재로 많이 쓰인다고 한다. 고해 같은 인생 또한 고통이 많으면 많을수록 타인을 이해하는 따뜻한 품이 넓어질 것이다. 하늘에 계신 하느님 보시기에 빛깔 좋은 노란 딕구공 같은 탱자 열매가 툭툭 떨어지고 있는 초여름이다.

막 "가시 사이를 헤집고 딴 탱자 하나/ 샛노란 껍질 벗겨/ 둥글게 숨어 있는 하얀 씨 맛보며/ 시디신 친구들의 모습 떠올"리며 "하얀 탱자꽃 향기 꺼내어 뱉어 본다. 가시에 쿡 찔린 고향/ 선홍빛 탱자 씨 되어 땅위에 떨어진다."

마치 오랜 창작으로 곰삭은 정재규 시인의 시어들처럼.

정재규

정재규 시인은 전북 김제에서 태어나 전주교육대학교를 졸업했으며, 부산대학교교육대학원에서 국어교육을 전공하고 문학교육을 공부했다. 1996년『文藝時代』신인문학상에 당선되어 등단했으며, '나무와 숲' 동인, '노령문학회', '부산시인협회', '부산문인협회', '한국문인협회' 회원으로 활동하고 있다. 부산시교육청 장학사 및 장학관, 교동초등학교 교장을 지냈으며, 지금은 부산해강초등학교 교장으로 재직하고 있다.
정재규 시인의 첫시집『나비는 장다리꽃을 알지 못한다』는 사랑의 변주곡이며, 심미적 감수성의 촉수로 자아와 사물, 세계를 모두 포용하는 미적 가치를 지니고 있다고 할 수 있다. "비가 사랑을 한다/ 햇빛을 그리워하는 사람들을 향해/ 가물어 가슴 졸인 농부들을 향해/ 더욱 줄기차게 사랑을 퍼 붓는다/ 웃음 되는 빗물/ 눈물 되는 가뭄"(「비의 사랑법」). 사랑은 보석의 향기이고, 이룰 수 없는 사랑은 죽음에 이르는 병이 된다.

이메일 : jjg2502@hanmail.net

정재규 시집

나비는 장다리꽃을 알지 못한다

발　행 2016년 8월 1일
지 은 이 정재규
펴 낸 이 반송림
편집디자인 김지호
펴 낸 곳 도서출판 지혜
계간시전문지 애지
기획위원 반경환 이형권 황정산
주　소 34624 대전광역시 동구 선화로 203-1 2층 도서출판 지혜 (삼성동)
전　화 042-625-1140
팩　스 042-627-1140
전자우편 ejisarang@hanmail.net
애지카페 cafe.daum.net/ejiliterature

ISBN : 979-11-5728-196-1 03810
값 9,000원